Madame PRINCESSE

Collection MADAME

1 MADAME AUTORITAIRE
2 MADAME TÊTE-EN-L'AIR
3 MADAME RANGE-TOUT
4 MADAME CATASTROPHE
5 MADAME ACROBATE
6 MADAME MAGIE
7 MADAME PROPRETTE
8 MADAME INDÉCISE
9 MADAME PETITE
10 MADAME TOUT-VA-BIEN
11 MADAME TINTAMARRE
12 MADAME TIMIDE
13 MADAME BOUTE-EN-TRAIN
14 MADAME CANAILLE
15 MADAME BEAUTÉ
16 MADAME SAGE
17 MADAME DOUBLE
18 MADAME JE-SAIS-TOUT
19 MADAME CHANCE
20 MADAME PRUDENTE
21 MADAME BOULOT
22 MADAME GÉNIALE
23 MADAME OUI
24 MADAME POURQUOI
25 MADAME COQUETTE
26 MADAME CONTRAIRE
27 MADAME TÊTUE
28 MADAME EN RETARD
29 MADAME BAVARDE
30 MADAME FOLLETTE
31 MADAME BONHEUR
32 MADAME VEDETTE
33 MADAME VITE-FAIT
34 MADAME CASSE-PIEDS
35 MADAME DODUE
36 MADAME RISETTE
37 MADAME CHIPIE
38 MADAME FARCEUSE
39 MADAME MALCHANCE
40 MADAME TERREUR
41 MADAME PRINCESSE
42 MADAME CÂLIN

Madame PRINCESSE

Roger Hargreaves

hachette
JEUNESSE

Madame Princesse, comme toutes les princesses,
portait une belle couronne d'or.

Et, comme toutes les princesses,
elle habitait un beau château.

Avec des tours.

Avec des douves, aussi.

Oui, c'était vraiment un très beau château.

Il y avait toujours quelqu'un
pour aider madame Princesse au château.

Quelqu'un pour tondre la pelouse.

Pour préparer son petit déjeuner.

Pour faire son lit, aussi.

Il y avait même quelqu'un pour lui apporter sa brosse à dents !

Cependant, madame Princesse ne se montrait jamais capricieuse ou autoritaire.

Elle avait bon cœur au contraire.

– J'ai tellement de chance d'être une princesse ! disait-elle souvent. Je dois en faire profiter tous mes amis !

Un jour, par exemple,
elle envoya un cuisinier chez madame Bonheur,
qui avait un trop gros rhume pour quitter son lit.

Une autre fois,
elle envoya un jardinier chez monsieur Rapide,
qui était trop pressé pour tondre la pelouse.

Elle envoya même une femme de ménage
chez madame Proprette qui avait complètement
usé son balai.

Pourtant, madame Princesse n'était pas satisfaite.
Elle aurait préféré s'occuper elle-même de ses amis...

Alors, quand elle apprit que monsieur Malchance s'était cassé la jambe, elle courut l'aider !

– Vous pourriez faire les courses à ma place, proposa-t-il.

Et, pour la première fois de sa vie de princesse, madame Princesse sortit faire les courses.

Elle alla d'abord chez le boulanger et lui demanda des saucisses.

– Mais je ne vends pas de saucisses !
s'étonna le boulanger.

Elle alla ensuite chez le boucher et lui demanda des petits pois.

– Mais je ne vends pas de petits pois !
s'écria le boucher.

Elle alla enfin chez l'épicier et lui demanda du pain.

– Mais je ne vends pas de pain !
s'exclama l'épicier.

C'est ainsi que madame Princesse rentra, le panier vide.

– Oh là là ! Comme c'est compliqué ! gémit-elle.
Le boucher ne vend pas de petits pois.
Le boulanger, pas de saucisse.
Et l'épicier, pas de pain !

Monsieur Malchance comprit aussitôt que madame Princesse avait tout mélangé.
Forcément : elle n'avait jamais fait les courses avant !

– Vous trouverez tout ce qu'il vous faut au marché, suggéra-t-il.

Madame Princesse alla donc au marché.

Et elle rentra une heure après, avec son panier bien rempli.

Puis, pour la première fois de sa vie de princesse, elle rangea les courses :

les saucisses dans le placard,

les petits pois dans la corbeille à pain,

le pain dans le tiroir…

LAIT

… et le lait dans le four !

Quel méli-mélo !

LAIT

Ensuite, madame Princesse décida de faire le ménage.

Et, pour la première fois de sa vie de princesse,

elle épousseta la vaisselle,

cira le canapé,

et balaya le tapis !

Puis, pour la première fois de sa vie de princesse, elle voulut faire le lit...

Quelle catastrophe !

Enfin, pour la première fois de sa vie de princesse, madame Princesse essaya de faire la cuisine.

Quel gâchis !

Devine un peu ce qu'elle prépara pour le dîner ?

Oui, c'est cela :
des saucisses brûlées avec des légumes
beaucoup trop cuits !

Beurk !

– Décidément, je ne sais rien faire comme il faut, se lamenta madame Princesse en jetant le repas à la poubelle.

– Mais non ! Tout le monde sait faire quelque chose ! la rassura monsieur Malchance.
Même une princesse !

– Vous croyez ? murmura madame Princesse.
Comme quoi, par exemple ?

Monsieur Malchance réfléchit.

Encore.

Et encore.

Puis il s'écria :

– Je sais ! Appelez le restaurant et faites-nous livrer un bon dîner. Cela prouvera au moins que vous savez toujours…

… trouver quelqu'un pour vous aider !

MME BONHEUR
ROGER HARGREAVES
MONSIEUR MADAME
LIVRE CD
hachette
JEUNESSE

MME PRINCESSE
ROGER HARGREAVES
MONSIEUR MADAME
LIVRE CD
hachette
JEUNESSE

MME BAVARDE
ROGER HARGREAVES
MONSIEUR MADAME
LIVRE CD
hachette
JEUNESSE

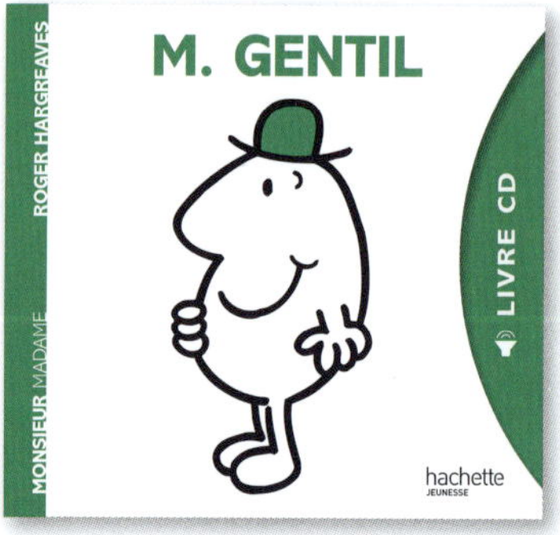
M. GENTIL
ROGER HARGREAVES
MONSIEUR MADAME
LIVRE CD
hachette
JEUNESSE

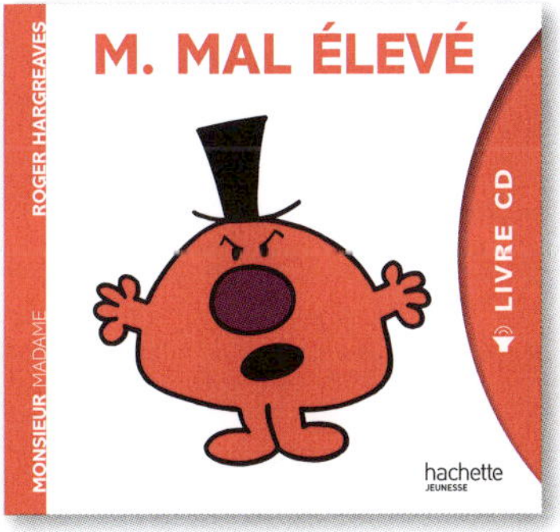
M. MAL ÉLEVÉ
ROGER HARGREAVES
MONSIEUR MADAME
LIVRE CD
hachette
JEUNESSE

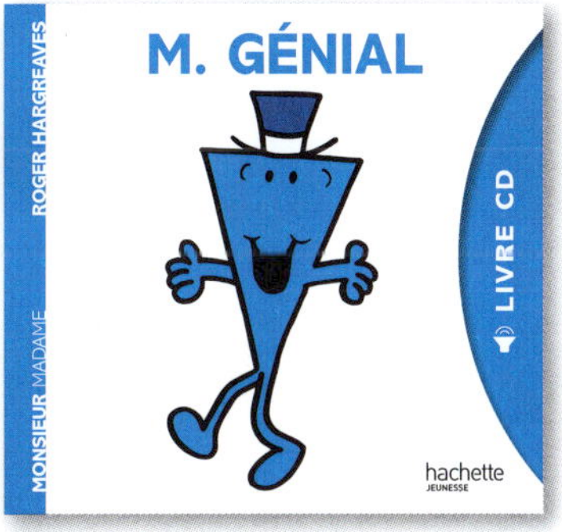
M. GÉNIAL
ROGER HARGREAVES
MONSIEUR MADAME
LIVRE CD
hachette
JEUNESSE

… ET RETROUVE TOUS TES HÉROS PRÉFÉRÉS

1. MME AUTORITAIRE
2. MME TÊTE-EN-L'AIR
3. MME RANGE-TOUT
4. MME CATASTROPHE
5. MME ACROBATE
6. MME MAGIE
7. MME PROPRETTE
8. MME INDÉCISE
9. MME PETITE
10. MME TOUT-VA-BIEN
11. MME TINTAMARRE
12. MME TIMIDE
13. MME BOUTE-EN-TRAIN
14. MME CANAILLE
15. MME BEAUTÉ
16. MME SAGE
17. MME DOUBLE
18. MME JE-SAIS-TOUT
19. MME CHANCE
20. MME PRUDENTE
21. MME BOULOT
22. MME GÉNIALE
23. MME OUI
24. MME POURQUOI
25. MME COQUETTE
26. MME CONTRAIRE
27. MME TÊTUE
28. MME EN RETARD
29. MME BAVARDE
30. MME FOLLETTE
31. MME BONHEUR
32. MME VEDETTE
33. MME VITE FAIT
34. MME CASSE PIEDS
35. MME DODUE
36. MME RISETTE
37. MME CHIPIE
38. MME FARCEUSE
39. MME MALCHANCE
40. MME TERREUR
41. MME PRINCESSE
42. MME CÂLIN

DANS LA COLLECTION **MONSIEUR MADAME**

Traduction : Natacha Godeau
Édité par Hachette Livre – 43, quai de Grenelle, 75905 Paris Cedex 15
Dépôt légal : juin 2014 – Édition 01
Loi n° 49-956 du 16 juillet 1949 sur les publications destinées à la jeunesse.
Imprimé et relié par Tien Wah Press en Malaisie.